Stephan de Vogel

Das Herz von St. Pauli

(schlägt immer noch ...)

Fußball-Gedichte
und
Gedichte rund um den FC St. Pauli

2. Auflage 2015

© by Stephan de Vogel, Hamburg, 2015
Herstellung und Verlag:
BoD - Books on Demand, Norderstedt
ISBN 978-3-7357-2245-4
Foto: Stephan de Vogel

Inhaltsverzeichnis

6) **Vorwort**

Jetzt geht's los... Der Anpfiff
7) Saisoneröffnungsgedicht
8) Das schlechteste Gedicht: Scheiß-Regionalliga
9) Und jetzt: Die schöne Gegenwart

Kapitel I Die ganz frühen Gedichte
10) Pauli-Party
13) Immer wieder St. Pauli
15) Fußballhölle
18) Ohne Freunde
20) Alptraum

Kapitel II Und jetzt etwas völlig anderes: Torwart-Gedichte
26) Allein im Tor
27) Der Ball ist rund
28) Fußball-WM in Brasilien
29) Der Tor im Tor
30) Die Null muss stehen
32) Echt mies...
33) Elfmeter
35) Verloren

Kapitel III Schlagende Herzen
38) Fußballglaubensbekenntnis Teil I
42) Fußballglaubensbekenntnis Teil II

Kapitel IV Traurige und ernste Gedichte
45) Die Jugend ist verloren
46) Für Stani
49) Hooligans – Keine Fans
51) Dein letztes Mal im Stadion

Kapitel V Zur Halbzeitpause etwas Unterhaltung
55) Der (Un)Sinn des Lebens / politisch nicht korrekt
58) Der (Un)Sinn des Lebens / „politisch korrekt"

Kapitel VI Andere Gedichte – Das hat mit Fußball nichts zu tun
61) Lauf (Die Ur-Version)
63) Lauf (FC St. Pauli-Marathon-Gedicht)
66) FC St. Pauli-Weihnachtsfeier / Das Gedicht

Kapitel VII Die 2. Halbzeit
68) Für Dich
70) Mein Verein
72) Das ist St. Pauli
74) Die Sonne scheint
76) Einfach mal glücklich sein
77) (K)Ein schöner Traum
79) Wie im Himmel
80) Lebens-Lauf

Kapitel VIII Abpfiff / Das Nachwort
82) Das letzte Gedicht

Vorwort

Aus Liebe zum Fußball...

Seit mehr als 35 Jahren gehe ich zum Fußball. Etwa 25 Jahre davon gehe ich bereits zu den Spielen des FC St. Pauli. Man könnte also auch sagen, jetzt ist quasi Silberhochzeit.

Zu meinem Fan-Jubiläum am Millerntor widme ich, weil das wirklich etwas Besonderes ist, meinen ersten veröffentlichten Gedichtband natürlich dem FC St. Pauli und seinen Fans.

Aber ich widme diesen Gedichtband auch allen anderen Fußballfans, egal, bei welchem Verein und in welcher Liga sie ihre Liebe zum Fußball ausleben.

Ohne den Fußball wäre diese Welt sicherlich immer noch schön, aber nicht *so* schön!

Lasst uns also beginnen...

Jetzt geht's los... Der Anpfiff

Saisoneröffnungsgedicht

Jetzt sind wir alle wieder hier
Die Sonne scheint und es gibt Bier
Die Sommerpause macht sich davon -
und wir sind hier: Im Stadion

Hier hat das Leben einen Sinn -
woanders will ich gar nicht hin

Sind Niederlagen auch manchmal fies,
am Millerntor ist das Paradies
Dreh dir die Tabelle, so wie du auch meinst:
St. Pauli ist <u>immer</u> die Nummer 1

Ich sag das jetzt mal einfach so:
Nen bess'ren Verein gibts nirgendwo!
(Das gilt für Hamburg sowieso!!!)

Der Himmel ist hier -
im Stadion -
und endlich startet die Saison...

Das schlechteste Gedicht... (gekürzt von 3 Seiten auf ein paar Zeilen)

Scheiß-Regionalliga!!!

Das 4. Jahr,
die 3. Liga,
und jemand anders
ist der Sieger...

Und jetzt: Die schöne Gegenwart (Glaub mir, die ist nicht ganz so hart...)

Danach zum Glück
dann aufgestiegen -
St. Pauli lernte
wieder siegen...

Die 3. Liga -
so lange her,
erinnern kann
(und will)
ich mich nicht mehr!

Wichtig ist das Heute,
wichtig ist das Jetzt,
guter Fußball
wird überschätzt!

Die Tabelle
zählt nicht mehr richtig,
nur FC St. Pauli,
das ist noch wichtig!!!

I. Die ganz frühen Gedichte (aus den 80er und 90er-Jahren)

Pauli-Party

Nach Anpfiff in der
Gegengerade,
noch keine Tore,
schade, schade
Das Bier ist auch
schon wieder leer,
meine Blase
kann nicht mehr,
denn ich muss echt
tierisch pissen
(Ich weiß, davon
willst du nichts wissen)

Ich hoffe, dass ich
nichts verpasse,
während ich
meinen Platz verlasse
Nach dem Pinkeln
noch schnell zwei Holsten,
denn die knallen
ja am dollsten

Ich muss am Bierstand
in die Schlange
und warten
lange, lange, lange
Nach zehn Minuten,
ich bin dran,
im Stadion Jubelorkan:
1:0 und nichts
gesehn,
denn ich musste
draußen stehn

Das 2:0 entgeht
mir nicht,
das Bier halbvoll,
es stört mich nicht
In der Pause
schnell noch raus,
nüchtern geh ich
nicht nach Haus -
Bei Pauli-Partys
ist das egal,
denn wann gewinnen
wir schon mal? -
In der letzten Zeit
recht oft,
gute Partys,
unverhofft

Heute ist das
schon lange her,
wer Pauli-Fan ist,
leidet sehr

Immer wieder St. Pauli

Das Spiel mal wieder
nicht so toll -
aber das Stadion
ist voll
Zwei Mal in Folge
abgestiegen -
mit vielen Pleiten,
wenig Siegen
Vereinsführung
zum Kotzen oft,
umsonst auf
Besserung gehofft

Jetzt irgendwo
im Mittelfeld -
der Weg nach oben
scheint verstellt
Der Weg zum Abgrund,
er scheint nah,
egal!
Eins ist uns allen
immer klar:
Wir werden zu
St. Pauli stehen -
selbst wenn wir
dran zugrunde gehen!

Zusammen stiegen wir
damals auf
Zusammen gingen wir
fast unter -
verzweifelten,
doch gaben nie auf -
im Fahrstuhl fahren wir runter
Aber egal, wie tief es
noch nach unten geht,
weil jeder von uns
weiter zu St. Pauli steht!

Egal, ob wir
noch mal absteigen,
wir stehen weiter zu St. Pauli,
selbst wenn wir jedes Spiel vergeigen!
Sind wir aus Frust mal noch so blau,
wir gehen nicht zum HSV!

Und werden wir weniger,
ist es auch nicht schade,
dann ist endlich mal Platz
in der Gegengerade -
man kann vom Spiel
endlich was sehn
(auch in der Oberliga schön!),
aber so weit wird es nicht gehen!!!

Fußballhölle

Sollt ich mal sterben,
es wär ja schade,
begrabt mich
in der Gegengerade -
oder ein Stück mehr
im Norden,
dann lieg ich näher
bei den Fjorden
Die Stimmung ist zwar
nicht so schön,
aber vom Spiel
könnt ihr mehr sehn

Fußball ist unser Leben,
Fußball ist unser Tod -
Wir glauben jedes Mal zu sterben,
wenn wieder Mal der Abstieg droht
Auch wenn wir fluchen, pfeifen,
stöhnen -
ein gutes Spiel kann uns versöhnen,
gegen den Weg nach unten,
den Tabellenkeller:
Die Autobahn zur Hölle,
nur noch schneller!

Oder verstreut hier
meine Asche
und kippt darüber
ne Astra-Flasche
und legt noch einen
Joint darauf -
Hinab in die Hölle,
zum Himmel hinauf -
wer weiß, wo
ich dann letztlich lande,
ich selbst bin dazu
nicht imstande

Ist es der Himmel,
bleibt alles wie immer,
ist es die Hölle,
wird es viel schlimmer:
Regionalliga bis in alle Ewigkeit,
alkoholfreies Bier und Nachspielzeit
bei einem Spielstand von 0:10,
das will ich wirklich echt nicht sehn

Also bleib ich noch ein paar Jahre
bevor ich dann zur Hölle fahre,
sehe mir das weiter an,
egal, ob ich's ertragen kann

Vielleicht kommt auch
der Fußballhimmel:
Immer wieder Hells Bells
mit Glockengebimmel
in einer Welt mit
nie wieder Krieg,
St. Pauli in der
Champions League

Jetzt bin ich gerade aufgewacht,
es war echt eine harte Nacht,
das Spiel war
wieder Mal beschissen,
aber davon will ich
nichts wissen,
deshalb leg ich mich
wieder hin,
damit ich wieder
glücklich bin
Doch freu ich mich
auf's nächste Spiel,
ein Masochist
kriegt nie zuviel!

Ohne Freunde

Ohne sie
bist du nichts wert,
bist wie ne Küche
ohne Herd,
bist wie ne Sonne
ohne Wärme,
wie ein Mensch
ohne Gedärme
Bist wie gelähmt
und ohne Kraft,
bist völlig fertig
und geschafft

Ohne Freunde
ist die Welt,
so dass sie dir
nicht mehr gefällt
Ohne Freunde
ist alles Kacke,
20 Grad minus
ohne Jacke

So wie Sex
mit ohne Liebe -
und das mit Sand
im Getriebe

Wie FC St. Pauli
ohne Tore,
die große Liebe
mit ohne Amore

Ohne Freunde -
wie das Ende
Deutsche Einheit
ohne Wende

Wie ein Astra
ohne Schaum
oder schlafen
ohne Traum

Alleine, einsam,
isoliert
wirst du nur
vom Frust regiert
Ohne Freunde
bist du verloren,
bist wie gestorben
und nicht geboren!

Alptraum

Es war nach einem
St. Pauli-Spiel,
getrunken hatte
ich zu viel
In der Bahn
schlief ich dann ein,
das sollte mein
Verhängnis sein

Bis ich erwachte
in meiner Bahn,
war ich schon
viel zu weit gefahrn
Betriebspause war
und Endstation,
zehn Skinheads
warteten da schon

Jetzt hatte ich
echt nichts zu lachen,
was sollte ich
denn hier bloß machen?
Da kam es dann
aus mir heraus,
ich rannte los,
rief *Nazis raus!*

Ganz alleine
in der Nacht,
und wieder mal
nicht nachgedacht
Ich konnte nicht
die Klappe halten
Sie wollten mir
den Schädel spalten

Die Straßen waren
menschenleer,
und ich konnte
bald nicht mehr
Konnte bald nicht mehr
weiter laufen,
das lag am Rauchen
und am Saufen

Versuchte noch,
zu diskutieren,
aber das schien
zu provozieren
Der braune Mob
wollte nicht denken
und mich im nächsten
See ertränken

Die Skins, sie jagten
mich durch die Nacht,
langsam verließ mich
meine Kraft
Springerstiefel,
Bomberjacken,
sie versuchten
mich zu packen

Sie rannten schnell
hinter mir her,
ich hatte keine
Chance mehr
Die Baseballkeule
schlug mich zu Boden,
der erste Tritt
traf meine Hoden

Die Schläge und Tritte,
sie hörten nicht auf,
und ich war mir sicher:
Heut Nacht geh ich drauf!

Und dann, allein,
im See versunken,
halb erschlagen,
halb ertrunken,
da fing ich dann
an zu beten,
begann im Wasser,
mich hoch zu treten

Ich hörte Lärm,
ich hörte Geschrei,
die Nacht, sie war
noch nicht vorbei

In der Bahn
wurde ich wach,
und fühlte mich
noch ziemlich schwach

Ausländer raus!,
brüllte ein Skin,
und jeder sah
woanders hin
Ein junger Türke,
in die Ecke gedrängt,
wurde von Skinheads
eingezwängt

Was für ein Traum,
was für ein Stuss,
ich sprang auf, brüllte:
Jetzt ist Schluss!
Die Skins waren die
aus meinem Traum,
ich dachte nur:
Das fass ich kaum!

Der Zug stand
an der Haltestelle,
nirgendwo Hilfe
auf die Schnelle
Notbremse gezogen,
Alarmknopf gedrückt,
alles war
total verrückt

Im Traum, mein Leben,
es schien verloren,
erst gestorben,
dann wieder geboren

Plötzlich Sirenen,
Polizei,
der Alptraum war
zum Glück vorbei

Die Nazischweine
wurden gefasst,
sind jetzt nicht frei,
sondern im Knast

Fast jeder sagt:
*Zivilcourage
muss jeder zeigen,
keine Frage!* -
Aber, wenn er dann
an der Reihe ist,
wer weiß,
ob er sich dann verpisst?

II. Und jetzt etwas völlig anderes: Torwart-Gedichte

Allein im Tor

Man braucht schon
echt Humor,
steht man allein
im Tor,
und kriegt die
Hütte voll,
denn das ist
nicht so toll

Dann lieber
voll rumspinnen -
und jedes
Spiel gewinnen -
Na ja, zumindest
ab und zu,
dann hat die
Torwartseele ruh

Der Ball ist rund..

Du bist gesund,
der Ball ist rund
Es gibt Elfmeter,
genau jetzt, nicht später

Ein volles Pfund
haust du mir rein,
die Zuschauer
fangen an zu schreien

Doch meine Reflexe
sind jetzt da:
Gehalten!
Das ist wunderbar!

Fußball-WM in Brasilien

Bald ist ja wieder
die WM -
selbst, wenn ich mich
dahinter klemm:
Im Tor werde ich
dann nicht stehn
(Der Jogi hat
mich nicht gesehn)

Das ist vielleicht
auch besser so,
und macht dann auch
ganz Deutschland froh,
weil nicht so viele
Tore fallen,
der Beste bin ich nicht
(von allen!)

Der Tor im Tor

Ich bin ja so ein
armer Tor,
und komm mir so
verloren vor,
denn wieder mal
haben wir verloren,
und das haut man mir
um die Ohren,
weil, ja so wie ich das sehe,
ich hier zwischen den Pfosten stehe

Die Null muss stehen

Ich steh hier
wieder mal im Tor
Und ich komm mir
so einsam vor
Da hilft jetzt
nicht einmal Humor,
weil ich jetzt grad
das Spiel verlor

Außer mir
keiner mehr hier,
da hilft jetzt nur
ein großes Bier
Bin deprimiert,
weil's nicht gut lief,
heute ging echt
alles schief

Doch mein Blick
wird wieder klar,
seh, dass es doch
ganz anders war,
halt nur die erste
Halbzeit war,
und jetzt ist Pause,
war ja klar

Die Zuschauer,
sind laut am Schreien,
jetzt ging der Ball
ins Tor hinein,
zum Glück beim
anderen Verein,
und dann der Abpfiff,
das ist fein

Die Niederlage -
wohl versäumt -
hab in der Pause
nur geträumt

Die Null, die stand
heute im Tor -
und ab und zu
wohl auch davor...

Echt mies...

Dass wir alle
sterben müssen,
das finde ich
total beschissen!

Jedoch, wenn wir
ein Spiel verlieren,
geht mir das auch
echt an die Nieren

Und wenn wir
kampflos untergehn,
dann finde ich das
auch nicht schön
Und spiel ich
ohne Selbstvertrauen,
kann mir das echt
den Tag versauen

Aber am schlimmsten:
Die letzte Reise -
die finde ich echt
wirklich scheise...

Elfmeter

Ich steh in meinem Tor,
und du,
du stehst davor,
den Ball und mich
trennen knapp 11 Meter,
und du, du bist
der Übeltäter,
willst mich, den Torwart,
überwinden,
kannst du nicht
einfach mal verschwinden?

Die Angst des Tormanns
vorm Elfmeter? -
So ein Quatsch,
so ein verdrehter,
die Angst vorm Gegentor
ist schlimm -
Elfmeter sind doch
ein Gewinn

Denn wenn dabei
dann kein Tor fällt,
bin ich auch mal
der größte Held,
und nicht wie sonst
der größte Depp,
denn Tore sind
das Handicap

Verloren

Das kommt mir aber
seltsam vor:
Schon wieder
liegt der Ball im Tor

Der Abpfiff kreischt
in meinen Ohren,
ich glaub, wir haben
jetzt verloren -
Und weil ich
der Torwart bin,
finde ich das
besonders schlimm

Ich stehe hier
in meinem Tor
und komm mir so
verloren vor

Ich fühl mich wie
der letzte Dreck,
denn die 3 Punkte,
die sind weg,
ja nicht mal einen
haben wir geschafft
So was raubt mir
meine Kraft

Der Schiri konnt mich
nicht verstehen,
und hat das Abseits
nicht gesehen,
wegen Meckern
gab er die Gelbe;
Beschweren und Meckern
ist nicht dasselbe..

Puh, meine erste
gelbe Karte,
bevor ich noch
mit fluchen starte,
denk ich lieber
ans nächste Spiel,
denn sonst krieg ich noch
einen zu viel

Vom Tor aus kann ich
alles sehen -
und das ist echt
nicht immer schön
Halte ich alles,
bin ich der King,
werd ich bezwungen,
ist alles dahin,
und die Schuld allein *mein* Ding

III. Schlagende Herzen:
Weitere Gedichte rund um den besten Verein der Welt

Fußballglaubensbekenntnis Teil I: FC St. Pauli von 1910 (Regionalliga-Version)

Was ist das bloß
für ein Verein? -
manchmal könnte ich
nur noch schrein
Manchmal kann ich
nichts mehr sagen
und es ist nicht mehr
zu ertragen:
Die Wolken schwarz,
der Himmel grau,
miese Spiele
gegen den HSV -
und es verliern
die "Ball-Jongleure"
sogar gegen
die Amateure

Wir fangen stark an
und lassen stark nach -
nach solchen Spielen
fühl ich mich schwach,
will das Ganze
nicht mehr sehn,
kann die Spieler
nicht verstehn,
die nicht mal wirklich
alles geben
und mit den Füßen
am Boden kleben

Nur die Stimmung,
die ist gut,
die Fans sind klasse,
das macht Mut,
es geht uns zwar
echt an die Nieren,
doch was wir können,
ist verlieren,
denn darin sind wir
echt perfekt,
wir wissen, was in
St. Pauli steckt

Was nützt das Jammern,
das Lamentieren?
Was soll's? - Dann tun wir
halt verlieren,
das ist nun mal
unser Verein,
so wie wir sind,
so wolln wir sein -
Lieber 3. Liga,
dauernd Abstiegsschmerz,
als Champions-League
und nur Kommerz -
und ein Verein
mit ohne Herz!

Wir sind frei,
wir können entscheiden,
und müssen hier halt
manchmal leiden,
doch wo wir sind,
da wollen wir sein -
und wir lieben
unsern Verein,
den Verein
und nicht
das Management
oder den "Fanpräsident"

FC St. Pauli
von 1910 -
manchmal will ich
nur noch gehn
Aber meistens weiß ich,
warum ich hier steh -
und nicht zu
schwarz-weiß-
blau hingeh
Auch in zehn Jahren
werd ich hier noch hingehn
und weiter - lächelnd -
untergehn,
und das muss man
nicht verstehn

Fußballglaubensbekenntnis Teil II: FC St. Pauli von 1910 (Bundesliga-Version)

Was ist das bloß
für ein Verein? -
Manchmal könnte ich
nur noch schrein
Manchmal kann ich
nichts mehr sagen
und es ist nicht mehr
zu ertragen,
die Wolken schwarz,
der Himmel grau,
miese Spiele
gegen den HSV,
und es verlieren
die "Ball-Jongleure"
sogar gegen Amateure

Wir fangen stark an
und lassen stark nach -
nach solchen Spielen
fühl ich mich schwach,
will das Ganze
nicht mehr sehn,
kann die Spieler
nicht verstehn,
die nicht mal
wirklich alles geben
und mit den Füßen
am Boden kleben

Nur die Stimmung,
die ist gut,
die Fans sind klasse,
das macht Mut;
mit wehenden Fahnen untergehen -
und die Welt nicht mehr verstehen,
macht oft unser Fan-Sein aus,
und frustriert gehn wir nach Haus

Es geht uns zwar
echt an die Nieren,
doch was wir können,
ist verlieren,
denn darin sind wir echt perfekt,
wir wissen, was in St. Pauli steckt
oder auch
unentschieden spielen
und auf die
Abstiegsplätze schielen

Und wenn man auswärts
3:1 führt,
und dann *doch* wieder verliert,
dann ist der Tag total versaut,
erst recht, wenn man Premiere schaut
Die Nachbarn hörn mich
wieder schrein,
das gibt es nur bei einem Verein!

Ich weiß nicht, warum
ich mir das antu,
aber ich geb es gerne zu:
Ich stehe weiter
zu diesem Verein,
das muss wohl Masochismus sein!

IV. Traurige und ernste Gedichte
(Das sind die wenigsten...)

Die Jugend ist verloren

Die Jugend ist
so lange her,
das find ich traurig,
und zwar sehr
U 17 werd ich
nicht mehr spielen,
verlorener Traum
(einer von vielen)
Auch Nationalelf
wird nichts mehr -
und das bedauere
ich sehr

Das kann man
auch anders sehn,
denn das Leben,
das ist schön!

Fußball werde ich
weiter spielen,
das *ist* ein Traum
(einer von vielen)

Für Stani

Mehr St. Pauli als du -
das geht gar nicht!!!
Für dich ist jetzt
dieses Gedicht:

Vielleicht gibt's einen wie dich
nie wieder,
wir knien alle
vor dir nieder
Du warst ein Segen
für unsern Verein,
bleibst immer im
St. Pauli-Schrein
und gehst hoffentlich
niemals allein

18 Jahre -
eine lange Dauer
Beim Schreiben kommt jetzt
die tiefe Trauer,
weil du nach der
Saison dann gehst,
auch wenn du zu
St. Pauli stehst

Und fließen jetzt
auch viele Tränen,
egal, das muss ich
noch erwähnen:
Für mich wirst du immer
St. Pauli sein,
ich wünsch dir viel Glück
beim nächsten Verein
Wär's auch der HSV
(zum Glück *ist* er's nicht!)
nur wegen dir
würd ich ein Fan von sein

Bei Rocky, in Philadelphia,
war für ihn ein Denkmal da,
ein Denkmal
müsste auch für dich da sein,
du wirst immer
in meinem Herzen sein
so wie St. Pauli,
unser Verein
(OK, wohl bald auch Hoffenheim)
Wir werden immer bei dir sein,
dein Abgang ist trotzdem zum Weinen!

Astra kann man trinken,
ein Schiff kann auch mal sinken,
bei Mc Donalds kann man essen,
aber dich wird man hier nie vergessen

DANKE!!!

Hooligans – Keine Fans

Wenn der Abpfiff für dich kommt,
überraschend und auch prompt,
wenn dein Spiel zu Ende ist:
Das eigene Leben, so ein Mist!,
wirst du nie mehr
in der Kurve stehn,
dir niemals mehr
ein Spiel ansehn
Du wirst im Stadion
immer fehlen
Ein Schrei
aus tausenden von Kehlen
wird nie mehr zu hören sein,
und da wird eine Lücke sein,
da wo dein Platz gewesen ist

Und so sinnlos ist dein Tod,
die Nacht war schwarz,
dein Blut war rot
Du wurdest nicht vom Platz getragen,
du wurdest von Hools erschlagen
Du trugst die Farben
von deinem Verein,
sie waren zu zehnt,
und du warst allein

Du hast dich
bis zum Schluss gewehrt,
aber auch das
war wohl verkehrt
Dann tatst du dich
nicht mehr bewegen,
sie hörten nicht auf
mit ihren Schlägen
Du sahst viele Arme,
zum Schlagen erhoben,
aber du sahst sie
schon von oben,
denn deine Batterie war leer,
und dein Herz, es schlug nicht mehr

Dein letztes Mal im Stadion

Dein letztes Mal
im Stadion,
und wir,
wir wussten nichts davon
Aber ist ja
auch egal,
wir sahen uns
zum letzten Mal

Das nächste Mal,
als ich dich sah,
zerriss mein Herz,
denn was ich sah,
es tat so weh,
der Zettel da,
an deinem Zeh

Nichts mehr hatte
einen Zweck,
ich sah dich, aber
du warst weg –
Niemals mehr
würden wir reden,
ich weiß, irgendwann
trifft es jeden

Irgendwann,
wenn das Fallbeil fällt,
müssen wir gehen
von dieser Welt
Irgendwann,
da hilft kein Schrei,
ist unsre Zeit
einfach vorbei

Wenn wir
unter der Erde liegen,
dann sind wir
wirklich abgestiegen
Und das ohne Relegation,
das ist echt fies, der reine Hohn

Und wenn ich
in der Kurve stehe
und hinauf
zum Himmel sehe,
dann weiß ich,
irgendwo bist du
und schaust dem Spiel
von oben zu

Und wieder werd ich
sentimental -
ohne dich
ist es ne Qual
Das allerschönste Stadion,
es macht hier jeden froh,
doch ich, ich steh hier jedes Mal
und du, du fehlst mir so...

Die Stimmung hier -
wie immer toll
und das Stadion
ist voll
Ist es im Stadion
noch so eng
trink ich noch
so viel Bier,
da ist -
egal wo ich auch steh -
ein leerer Platz bei mir

Und irgendwann ist meine Zeit
hier endlich abgelaufen,
kommt was danach? -
Wenn ich dich treff,
dann gehen wir einen saufen
Und wenn es Gott gibt,
und Er da ist,
dann gibt es viele Fragen
Was soll das Leben,
wenn wir doch sterben? -
Vielleicht kann Er es sagen

Das Spiel läuft weiter,
die Tränen auch,
bald ist das Spiel vorbei -
Ich stehe hier
an meinem Platz
und du bist nicht dabei

V. Zur Halbzeitpause:
Etwas Unterhaltung...

Der (Un)Sinn des Lebens /
politisch nicht korrekte Ur-Fassung

Fleht nicht um Gnade,
es ist vergebens,
hier kommt ein Teil
vom Sinn des Lebens:

Manchmal bist du
völlig down
Manchmal sagst du:
Scheiß auf die Frauen -
Manchmal willst du
nichts mehr wissen
und dein Leben
ist beschissen

Zum Glück sind das ja
echt nur Phasen,
zum Glück gibt es
den grünen Rasen,
11 Freunde,
Fußball,
das Stadion,
St. Pauli und den Marathon

Manchmal lässt du
den Kopf auch sinken,
willst dich nur noch
sinnlos betrinken -
bevor es zu viel ist,
schläfst du ein
(das soll ja auch
gesünder sein) -
Der Kater ist nicht
so gemein..

Doch es gibt Rettung
vor allen Übeln,
und vor vielem
bösen Grübeln:
Wie: *Wo ist mein Lebenssinn?*
Wo komm ich her?
Wo geh ich hin?
Was hat das Leben zu bedeuten? -

Wenn von Hells Bells
die Glocken läuten,
weißt du genau,
was jetzt passiert,
und du bist
erst einmal kuriert

Das Leben, es hat einen Sinn:
Zum Millerntor da will ich hin!

Der (Un)Sinn des Lebens / „politisch korrekt"

Fleht nicht um Gnade,
es ist vergebens,
hier kommt ein Teil
vom Sinn des Lebens:

Manchmal bist du
völlig down
Manchmal sagst du:
Scheiß auf die Frauen -
Oder du sagst:
Scheiß auf die Männer,
darüber streiten sich die Kenner
Manchmal willst du
nichts mehr wissen
und dein Leben
ist beschissen

Zum Glück sind das ja
echt nur Phasen,
zum Glück gibt es
den grünen Rasen,
11 Freunde,
Fußball,
das Stadion,
St. Pauli und den Marathon

Manchmal lässt du
den Kopf auch sinken,
willst dich nur noch
sinnlos betrinken -
bevor es zu viel ist,
schläfst du ein
(das soll ja auch
gesünder sein) -
Der Kater ist nicht
so gemein..

Doch es gibt Rettung
vor allen Übeln,
und vor vielem
bösen Grübeln:
Wie: *Wo ist mein Lebenssinn?*
Wo komm ich her?
Wo geh ich hin?
Was hat das Leben zu bedeuten? -

Wenn von Hells Bells
die Glocken läuten,
weißt du genau,
was jetzt passiert,
und du bist
erst einmal kuriert

Das Leben, es hat einen Sinn:
Zum Millerntor da will ich hin!

VI. Andere Gedichte: Das hat mit Fußball nichts zu tun...

Lauf (Die Ur-Version)

Lauf!

Lauf!

Lauf!

Lauf!

Geb nicht auf
sondern lauf!

Lauf -
das hast du nun davon
Lauf -
schon wieder Marathon
Lauf -
du tust es wieder mal
Lauf -
Oh, was für eine Qual

Lauf -
das Leben wird jetzt schön
Lauf -
du willst jetzt kaum noch gehn
Lauf -
du willst jetzt nur noch laufen
Lauf -
gehst seltener einen saufen
Lauf -
als wärst du auf der Flucht
Lauf -
es ist wie eine Sucht!

Lauf (FC St. Pauli-Marathon-Gedicht)

Geb nicht auf sondern
LAUF -
Das hast du nun davon
LAUF -
schon wieder Marathon
LAUF -
Du tust es wieder mal
LAUF -
Oh, was für eine Qual

Du siehst sie
an der Straße stehen
und sie wollen dich
leiden sehen -
musst du auch fast
vor Schmerzen schrein
du tust es ja
für deinen Verein
(und nur St. Pauli kann es sein!!!)

LAUF -
Das Leben wird jetzt schön
LAUF -
Du willst jetzt kaum noch gehn
LAUF -
Du willst jetzt nur noch laufen

LAUF -
Gehst seltener einen saufen
LAUF -
Als wärst du auf der Flucht
LAUF -
Es ist wie eine Sucht

Du fragst dich,
warum muss ich leiden?
Musste ich mich
denn so entscheiden?
Hatte ich keine
andere Wahl? -
Der Mann mit dem Hammer
- eine Qual -
Aber im Ziel
ist das egal!

Wir sind zusammen
auf der Strecke,
jeder eine St. Pauli-Zecke,
und so leicht
geben wir nicht auf;
wir laufen weiter, weiter...
LAUF

Und selbst wenn wir
die Segel streichen
und das Ziel mal
nicht erreichen,
selbst wenn wir
am Boden liegen -
wir müssen echt
nicht immer siegen! -
Und stehen
immer wieder auf,
doch bis dahin erst mal
LAUF

Weihnachtsgedicht

Weihnachten ist jetzt
schon nah,
und das ist
einfach wunderbar!

Bald können wir
nen Schneemann bauen,
ihm dann die
Wurzelnase klauen,
und etwas mehr
nach unten setzen
(Natürlich ohne
zu verletzen!) -
Weil er sich
dieses Jahr erneut
auf einen geilen
Winter freut

Doch HALT und STOP -
So lieber nicht!
Die Nase gehört
ins Gesicht,
ist außerdem
nicht jugendfrei -
Sind Kinder heute
denn dabei?

Zu Weihnachten
ja allemal
ist *Schneemann*
auch geschlechtsneutral

Dieses Gedicht
ist sehr suspekt
und wohl politisch
nicht korrekt
Doch jetzt kommt gleich
das Happy End,
denn wir sind mitten
im Advent

Bei mir kreisen
die Pleitegeier,
und hier ist heute
Weihnachtsfeier
Ich sage: Prost,
geb mir den Rest
und wünsche euch
ein Frohes Fest!

VII. Die 2. Halbzeit

Ich weiß nicht, ob
du hier was lernst,
aber ab jetzt
wird's nicht mehr ernst...

Für Dich

Für Dich würd ich
alles verschenken
und niemals mehr
an Fußball denken -
Ich gebe zu:
Das war gelogen! -
Der Reim ist mir
so zugeflogen

Jetzt wird mir kalt
und ich muss frieren,
denn ich will Dich
ja nicht verlieren!

Ohne Dich
kann ich nicht leben,
doch es wird immer
Fußball geben -
und Du, ich geh ja
nicht davon -
ich will doch nur
ins Stadion

FC St. Pauli
bleibt mein Verein -
doch DU sollst immer
bei mir sein!
Und echt, Dir nicht
zu Füßen liegen,
wär wie für immer
abgestiegen

Sind wir auch
im Tabellenkeller -
Du machst den Tag
mir gleich viel heller
Mit Dir geh ich
durch jede Liga
und fühl mich immer
wie ein Sieger!!!

Mein Verein

St. Pauli,
das ist mein Verein,
woanders will ich
gar nicht sein,
Wahrscheinlich bin ich
nicht so schlau,
drum geh ich nicht
zum HSV,
ich habe
keinen Gartenzwerg
und komm auch nicht
aus Pinneberg

Aber eines,
das ist wahr,
ich komm aus Hamburg,
das ist klar,
und keiner macht mir
noch was vor:
Mein Herz, das schlägt
fürs Millerntor

Hier ist die
schönste Stadt der Welt -
welcher Verein
dein Herz befällt,
das mag vielleicht
ein Zufall sein,
aber *St. Pauli,* das ist der Verein,
der mein kleines Herz befeuert,
und der auch mein Leben steuert

Ein Dichter ist so
wie er ist,
vielleicht ist das hier
alles Mist
Jeder hat
seinen Verein,
und er will gar nicht
anders sein
St. Pauli?
Oder HSV?
HAMBURG ist es -
ganz genau!

Von Stellingen kriege ich
was auf's Mauli,
denn ich mein
HAMBURG ST. PAULI!!!!!

Das ist St. Pauli

Das Leuchten der Sterne
Die rote Laterne
Und das beste Bier -
das gibt es nur hier
FC St. Pauli -
das Herz der Welt
(zumindest für alle,
denen der FC gefällt)

Vermeintlich in Hamburg
der kleine Verein,
ist es doch lässig,
der Größte zu sein -
Der größte Verein
in unseren Herzen -
die Meisterschale
können wir verschmerzen

Und Europa? -
Da sind wir
doch schon drin,
deshalb: Da müssen wir nicht hin
Jetzt ist es Obama,
der richtig lacht -
Wir werden alle
überwacht

Big Brother lacht,
doch es ist klar:
Wir sind nicht
in den USA,
aber damit man's
nicht vergisst:
George Orwell war
ein Optimist!

Das Thema, das war doch St. Pauli -
und die Seite ist fast voll,
das war von dem Geschreibsel
bisher ja nicht so toll
OK: Hier ist der
schönste Ort auf Erden,
hier möchte ich
(wieder) - geboren werden
Oder als Fliege im Astra versinken,
und dann nicht drin sterben,
sondern es einfach leer trinken

Die Sonne scheint (auch im Regen..)

Wenn ich im Leben
keine Sonne seh,
hier seh ich sie,
bei meinem FC (St. Pauli)
Die Sonne scheint im Stadion
und das in der ganzen Saison

Auch wenn es wie
aus Eimern gießt,
die Sonne in den
Herzen fließt
Bin ich hier,
bei einem Spiel,
wird mir das Leben
nie zu viel

Wenn ich hier
ins Stadion geh,
ins Stadion,
zu meinem FC,
weiß ich, dass ich
hier richtig bin,
und alles ergibt
einen Sinn

Wer das hier alles
nicht versteht,
wohl eher nicht
ins Stadion geht..

Einfach mal glücklich sein...

und einfach mal sprachlos sein...
1:0 beim HSV gewonnen nach mehr
als 33 Jahren!!!

Dazu fällt mir nichts mehr ein -
muss ja auch echt gar nicht sein...
Außer vielleicht:
Der Himmel ist nicht schwarz-weiß-
blau,
verloren hat der HSV -
und das find ich voll geil
genau!!!!!!!!!!!!!!

(K)Ein schöner Traum

Ich hab mir grad
mal vorgestellt,
wie es so wär
auf dieser Welt
ohne unseren FC-
da tat vor Schreck
das Herz mir weh
wie Vorschlaghammer
auf den Zeh

Das Paradies
gar nicht zu kennen,
niemals träumen,
traumlos pennen,
und die Liebe
nicht zu kennen,
nicht nach Abstiegen
laut flennen,
nach Aufstiegen nicht
im Himmel sein,
das würde total
scheiße sein

Was wäre das
nur für ein Leben,
würd es St. Pauli
gar nicht geben?
Dazu kann ich
nur vertellen:
Ich wage kaum,
mir's vorzustellen...

Die Vorstellung,
die schlimmste gar,
wär kein
16. Februar:
Der Derbysieg
beim HSV,
für uns ein Traum,
dort: Supergau
Doch dieser Traum,
er wurde wahr,
und das ist
einfach wunderbar!

Wie im Himmel

Oft kommt's mir wie
im Himmel vor,
wenn ich hier bin:
Am Millerntor

Nur hier will ich heute sein,
bei keinem anderen Verein
Der beste Club auf dieser Welt
Jeder Spieler ist ein Held

Will lebenslänglich zu Dir stehn,
auferstehn und untergehn

Sind die Zeiten auch mal schwer -
ich weiß, dass ich hierher gehör!
Ist es hier manchmal
auch zum schrein,
nur St. Pauli ist mein Verein -
und das wird niemals anders sein!

Lebens-Lauf

Geb niemals auf
im Lebenslauf,
zieh einfach weiter
deine Kreise -
sei wie du bist,
mal laut, mal leise

Auch wenn es hagelt
oder regnet,
bist du doch
irgendwie gesegnet -
Weil dein Lauf
immer weiter geht,
ist es für dich
auch nie zu spät

Ich sehe in dir
diese Kraft,
durch die du's
immer wieder schaffst,
dann, wenn du fällst,
aufzustehen -
und deinen Weg
weiter zu gehen,
wohin er dich auch
führen mag

Denn er geht weiter -
Tag für Tag
Und wenn du zu
St. Pauli stehst,
und deinen Weg
stets weiter gehst,
wirst du auch nie
alleine sein -
So ist das bei
unserm Verein!

Hier ist St. Pauli -
du weißt es ja schon -
You know:
YOU'LL NEVER WALK ALONE!

VIII. Abpfiff / Das Nachwort

Das letzte Gedicht

Lange hast Du
mich begleitet,
und, wie im Fußball,
auch gefightet
Hast Dich von Reim zu Reim
gehangelt,
ich hoff, im Trüben
nicht geangelt
Ich hoff, die Zeit
war es Dir Wert,
und Du fandst das nicht
zu verkehrt

Vielleicht hat es
Dir Spaß gemacht
(Hast Du denn
ab und zu gelacht?)

Haben die Gedichte
Dir gefallen? -
Dann lass ich
ein paar Korken knallen!
Schau hier doch
ab und zu mal rein
Du weißt:
Du gehst niemals allein!

Angaben zum Autor:

Stephan de Vogel, 48 Jahre alt. Seit etwa einem Vierteljahrhundert bin ich Fan des FC St. Pauli. Schon etwas länger, etwa seit 35 Jahren, schreibe ich Gedichte. Die Fußball-Gedichte sind mit dabei, seit ich zu den Spielen des FC St. Pauli gehe.

Außerdem bin ich Mitglied im FC St. Pauli, in der Marathon-Abteilung.

In der Freizeit bin ich Hobbykicker, und spiele als Torwart in Amateur-Mannschaften mit.

Kontaktadresse: StdeVo1@aol.com